CONSTANT THÉRION

UNE PAGE
DÉDIÉE A LA JEUNESSE,

PAR

M. L'ABBÉ MOUSSARD,

AUMONIER DU SACRÉ-CŒUR,

ANCIEN PROFESSEUR.

BESANÇON,
IMPRIMERIE ET LITHOGRAPHIE DE J. JACQUIN,
Grande-Rue, 14, à la Vieille Intendance.

1876.

CONSTANT THÉRION.

CONSTANT THÉRION

UNE PAGE

DÉDIÉE A LA JEUNESSE,

PAR

M. L'ABBÉ MOUSSARD,

AUMÔNIER DU SACRÉ-CŒUR,

ANCIEN PROFESSEUR.

BESANÇON,

IMPRIMERIE ET LITHOGRAPHIE DE J. JACQUIN,

Grande-Rue, 14, à la Vieille Intendance.

1876.

A MONSIEUR THÉRION.

Bien des années se sont écoulées, Monsieur et respectable ami, depuis que je vous adressais sur la conduite et le travail de votre petit Constant des lettres pleines d'avenir et d'espérance : permettez qu'aujourd'hui je vous dise, par une autre lettre écrite sur sa tombe, jusqu'à quel point il a réalisé notre espoir, et de combien de mérites il a enrichi ce que nous appelions alors son avenir.

Il vous est bien permis, père généreux et chrétien, d'arroser de vos larmes la terre où repose la dépouille mortelle d'un fils si distingué ; mais, voyez, des fleurs germent sur cette terre ; ce sont les souvenirs qu'il laisse, les œuvres qu'il a accomplies, les labeurs glorieux et féconds qui ont rempli sa carrière. Cueillez ces fleurs, Monsieur, elles vous appartiennent à tous les titres, et puissent-elles répandre leur parfum sur vos vieux jours, en attendant que Dieu vous en forme une couronne dans le ciel !

Daignez agréer, Monsieur et respectable ami, l'hommage de ma profonde vénération et le tribut de mes regrets.

L'Abbé Moussard.

CONSTANT THÉRION.

I.

Il y a quelques semaines, un journal de Paris annonçait en ces termes la mort d'un de mes premiers et de mes plus chers élèves : « Trop souvent une personnalité creuse, enflée et vide comme une balle élastique, réussit à rebondir jusqu'à la célébrité et oblige la chronique à s'occuper d'elle, pour que je ne considère pas comme un devoir de parler d'un homme qui vient de s'éteindre obscurément et qui valait mieux que bien des hommes d'Etat disparus dans une apothéose. Il se nommait Constant Thérion (1). »

On comprendra sans peine que l'impression

---

(1) *Gazette de France*, numéro du 23 mai 1876.

causée par cette nouvelle dut être une douloureuse surprise ; si la présence d'un homme de bien purifie l'air, selon le mot d'un moraliste allemand, comment le voir disparaître sans se sentir atteint ? Mais après avoir payé à ce cher défunt le tribut de mes regrets, à genoux et recueilli sur sa tombe, je me suis dit : Ce jeune homme, dont j'admirais la science, la grandeur d'âme et les œuvres, a été initié aux premiers éléments de la foi sur les genoux d'une sainte et pieuse mère ; durant sa courte existence, il n'a négligé ni un iota ni un accent de l'Evangile ; sa dernière parole a été le grand et adorable nom de Jésus-Christ. Ne conviendrait-il pas de l'arracher en quelque sorte aux ombres de la mort, et de le présenter soit à la jeunesse qui prie et communie, pour la glorifier ; soit à celle qui s'étiole au souffle empesté de l'esprit du monde, pour lui inspirer une salutaire confusion ? Nous entendons dire à toute heure qu'il faut refouler jusque dans le moyen âge ceux que l'Eglise a nourris de sa doctrine, et ne plus ouvrir les carrières qu'aux jeunes gens sortis des moules de l'Etat, marqués du thau laïque et imbus des principes de 89 ou même de 93. Eh bien, ajoutons à mille autres un fait qui montrera de quel côté se trouvent en général le vrai savoir, le sacrifice de soi, la passion du bien, toutes les belles et nobles choses ; et de quel côté, au contraire, apparaissent le dégoût des études sérieuses, l'égoïsme jaloux, l'indifférence stupide que les maux de la patrie ne font jamais pleurer ni sa prospérité sourire.

Puisse ce modeste écrit être un rayon de lumière ! Si aujourd'hui la bêtise est une puissance, c'est moins à cause de la faiblesse des âmes que parce que les intelligences se laissent obscurcir par le préjugé et le mensonge. Or, l'Esprit-Saint nous avertit qu'en éclairant les aveugles on les oblige à s'arrêter sur la voie et à réfléchir sur le terme : *Compedes in pedibus stulto doctrina* (1).

II.

Nous passons rapidement sur les premières années du jeune Thérion. Il naquit à Vesoul en

---

1 *Eccl.*, xxi. 22.

1833. Son père, qui était alors chef de division à la préfecture de la Haute-Saône, consacrait la plus grande partie de sa vie à servir son pays et donnait le reste à sa famille (1) ; Mme Thérion, au contraire, vivait habituellement entre les jouets de l'aîné et le berceau du plus jeune, et employait au profit des malheureux le peu de temps que lui laissaient ses devoirs de mère. Heureux les enfants qui trouvent ainsi, au début de leur existence, l'austère pratique du devoir ! Tandis que beaucoup d'autres, nés de parents indifférents ou impies, ressemblent aux arbustes nains dont les flancs du rocher sont garnis, eux sont comme des arbres qui prennent racine dans une bonne terre et produisent leur fruit au temps marqué (2).

(1. Tous ceux qui ont connu M. Thérion durant les quarante ans qu'il a été associé à l'administration du département rendent hommage à sa sagesse, à son esprit de conciliation, à l'amabilité de son caractère. Mais ceux qui ont pu et su apprécier le mieux ses précieuses qualités sont les préfets eux-mêmes : en 1858, dans une session du conseil général, M. Dieu, après avoir fait l'éloge le plus flatteur de M. Thérion, conclut en disant que le jour où il prendrait sa retraite, les bureaux de la préfecture feraient une perte immense.

(2) *Erit tanquam lignum quod..... fructum suum dabit in tempore suo.* (*Psalm.* I, 3.)

Ce temps de donner des fruits, Constant Thérion le devança plutôt qu'il ne le fit attendre. Si nous allons le surprendre au milieu de ses amusements, nous serons frappés de son ingénuité, de son extrême franchise et surtout de la vivacité de son esprit ; dans les réunions de famille, nous l'entendrons quelquefois prendre la parole et s'échauffer, comme le P. Lacordaire en compagnie de sa bonne, sur les plus graves sujets ; il lui arrivera même de saisir un journal laissé par hasard sous sa main et d'en accompagner la lecture de réflexions tellement audessus de son âge, qu'un témoin stupéfait se retirera en disant à qui a des oreilles pour entendre : *Quel sera donc cet enfant?*

Mais c'est surtout dans le cours de ses études que le jeune Constant va prouver combien est salutaire et féconde l'influence des premiers soins. Suivons-le à grands pas, parce que luimême s'avance à pas de géant. Au séminaire de Luxeuil, où il entre en 1842, avec neuf ans sur la tête et dix volumes à la main, son ardeur au travail, sa fidélité à la règle, ses progrès, ravissent le professeur ; en récréation, son cœur aimant, ses saillies, son étourderie même, attirent autour de lui de nombreux condisciples; il n'y a pas jusqu'au grave supérieur, qui ne rit jamais, et à une vieille sœur, qui pleure toujours, que cet enfant de bénédiction ne charme par ses airs d'innocence et ne déride par ses traits d'esprit. Un prêtre vénérable, qu'on regardait alors comme le père spirituel de l'établissement, me disait encore il y a trois ans : « De ma longue carrière dans l'enseignement il ne me reste que deux souvenirs : le souvenir des consolations que nos chers séminaristes me donnaient au confessionnal, plus celui des succès merveilleux et des gentilles espiègleries d'un bonhomme à qui nous avions donné le nom de Benjamin Constant. »

Dès l'année 1845, nous retrouvons le jeune Thérion à Vesoul, suivant les cours du collége, faisant, comme à Luxeuil, la joie de ses maîtres et emportant d'emblée, avec une rare distinction, ses premiers grades. Il a à peine quinze ans. C'est alors que son père, fier du passé et souriant à l'avenir, songe à l'envoyer au lycée Louis-le-Grand. Il y a sans doute ici des dangers à courir : ce jeune homme si bon et si pur, disposé à ne fréquenter que ceux qui lui ressemblent, ne finira-t-il pas par en fréquenter d'autres et ressembler lui-même à ceux qu'il fréquentera ? Tout en continuant ses études, ne va-t-il pas cueillir sur le sol mouvant du doute, ou même sur le terrain maudit de l'impiété, quelque fruit défendu ? Que vont devenir, au milieu d'une jeunesse toujours dissipée, souvent peu délicate, et son goût pour le sérieux et l'élévation de ses sentiments ? Certes, de telles appréhensions paraîtraient bien fondées s'il s'agissait d'un enfant ordinaire ; mais Constant Thérion est un sujet hors ligne. Il se rend à Paris, et voyez : ce qui alarme sa foi, il n'a pas le temps de l'entendre ; ce qui est opposé aux bonnes mœurs, il le côtoie avec dédain ; ce qui est mesquin et frivole, il le voit sans le regarder. Le tout de sa vie d'étudiant, si ce n'est pas encore la piété, que Bossuet appelait *le tout de l'homme*, c'est au moins la science, que ce grand maître nommait *chose principale*. Notre jeune lycéen a dévoré les livres, et lorsque nous le retrouvons, à quelques années de là, il est licencié ès lettres, licencié ès sciences mathématiques et physiques, licencié en droit (1). Il ne faut pas, sans doute, s'exagérer la valeur du diplôme; mais lorsqu'à un âge où la plupart sont encore à la poursuite du baccalauréat, un jeune homme a obtenu avec éloge sa triple licence, on peut bien l'accueillir comme le cardinal Fesch accueillit un jour le jeune de Quélen : « Soyez le bienvenu, mon ami, lui dit le cardinal, j'aime ceux qui aiment la prière et je cherche ceux qui cherchent la science. »

III.

Après avoir achevé le cours d'études qu'on appelle aujourd'hui une préparation aux carrières, Constant Thérion ne fit à peu près rien pour s'en ménager une en rapport avec ses mérites : fixé à Paris, il se contenta volontiers du titre de professeur à l'Association philotechnique et de la réputation dont il jouissait dans le quartier latin. Ce fut, je n'hésite pas à

---

(1) *Gazette de France*. 23 mai 1876

le dire, son grand tort. Il pouvait se faire une place distinguée, soit dans l'Université, où il aurait contribué à maintenir ce qui y reste encore de bon goût et de saine doctrine, soit dans nos assemblées politiques, pour y confondre les jobarderies du parlementarisme, ou bien enfin dans la magistrature, qu'il aurait honorée par la noble indépendance de son caractère et la beauté de son talent. Encore une fois, Thérion devait s'asseoir à un meilleur rang. Mais, en ceci du moins, il donne à notre jeunesse une fière et forte leçon, et cette leçon, je veux la lui épeler, afin qu'elle la comprenne.

Peut-on nier qu'aujourd'hui une notable portion de notre jeunesse soit indifférente à ce que saint Augustin appelle les joies de la vérité? On veut sans doute une certaine mesure de science, mais on la veut comme moyen d'arriver au bien-être et à la fortune, et parce que les moyens sont inférieurs à la fin, il reste logiquement acquis que les connaissances de l'esprit doivent céder le pas aux biens et aux jouissances du corps : « Honteuse infirmité ! se serait écrié le Dante : vous donnez la préférence à la matière sur l'esprit (1). » Or, cette infirmité n'est pas seulement honteuse, elle est de plus funeste. Les jeunes gens dont nous parlons, se faisant ainsi de la science une sorte d'escabelle pour y poser le pied et s'élancer de là jusqu'au terme de leur ambition, il est évident qu'une fois le but atteint, ils ne se soucient guère de croître en sagesse devant Dieu et devant les hommes; ils sont, au contraire, fermement résolus à se dédommager aujourd'hui des peines d'hier et à ne prendre que le moins possible des fatigues et des responsabilités de demain (2). L'un d'eux n'a-t-il pas érigé en principe cette maxime trop connue : *Implere officium taliter qualiter et sincre mundum ire quomodò vadit?* et si tous ceux qui sont arrivés aux carrières n'affichent pas à ce point le mépris de leurs obligations et des moyens d'y satisfaire, ne

---

(1) DANTE, *Purgatoire*, xxx-xxxi.

(2) « Pour la très grande majorité des hommes, le travail n'est qu'une préparation de loisir ; c'est un effort pour arriver à ne plus travailler. On se fatigue et on s'agite dix ans pour se reposer, j'allais dire pour s'ennuyer vingt ans ; si bien que l'agitation et la fatigue humaines ne sont qu'une conspiration contre le travail. » (*Le travail, loi de la vie*, P. FÉLIX.)

s'en trouve-t-il pas un grand nombre dont la vie n'est de fait qu'une aveugle routine, les notions acquises, un trésor rouillé, les facultés, un foyer presque éteint?

Eh bien! que cette jeunesse apprenne de Constant Thérion à ne pas subordonner ainsi la science au bien-être. Il faut le voir désormais, cet ami passionné du savoir et des livres. Sorti des écoles, il n'a plus ni le secours de maîtres habiles ni le stimulant de l'émulation; son logement simple et austère n'offre rien qui puisse le dédommager des jouissances du dehors; soit par ignorance des choses pratiques, soit par défaut de temps, quand il a supporté les fatigues de l'esprit, il subit encore les privations du corps; n'importe! L'avare à côté d'un monceau d'or, l'ambitieux au faîte des honneurs, un conquérant à la vue des dépouilles opimes, sont moins heureux que lui au milieu des vingt volumes ouverts qui sollicitent son ardeur. « Si mes appartements sont modestes, du moins ils sont longs et larges, dit-il, et mes livres y sont à l'aise; c'est l'important. Quant à ma personne, qu'elle s'arrange comme elle pourra ! » Mais voici qu'il est devenu, grâce à ce travail persistant, un prodige d'érudition et de science ; chaque branche de connaissances humaines paraît être sa spécialité : va-t-il du moins se donner un peu de cesse et de relâche ? « Tu as des biens, mon âme, en réserve pour plusieurs années ; repose-toi maintenant, assieds-toi au banquet de la vie (1). » Non, non ; pour notre jeune savant la vérité est une ambroisie dont on ne se rassasie pas, une eau qui excite la soif, une beauté toujours nouvelle : *Non desinit venari ex quo semel.* Il y a plus ; Constant Thérion est en relations fréquentes avec des hommes qu'un rang élevé ou des qualités exceptionnelles doivent lui rendre chers ; il reçoit le salut ou la visite des Laurentie, des Barthélemy Saint-Hilaire, des Blanc-Saint-Bonnet, des Gratry, des Coquille, des Léon Gautier, d'autres que je m'abstiens de nommer : n'est-il pas vrai que de tels amis peuvent faire oublier des auteurs et des livres ? Eh bien, lui ne se résignera pas

---

(1) *Luc.*, xii, 19.

à un pareil oubli. Son abord sera d'une affabilité charmante, ses frais de conversation largement et agréablement payés ; mais aussitôt qu'il aura pris congé de ces hauts personnages, il se retournera avec un visage épanoui vers sa bibliothèque, disant avec Pétrarque : « C'est dans ce coin que je trouve les familiers les plus commodes, les plus instruits, les plus patients : une heure aux autres et ma vie à ceux-ci ! »

On dira tout ce qu'on voudra de ces goûts et de ce genre de vie. Quant à moi, même abstraction faite du bien que Thérion a réalisé par sa science et son étude, je le salue déjà comme modèle. Un jeune homme qui se passionne ainsi pour les travaux de l'intelligence, lorsqu'il en est détourné par l'exemple et l'ensorcellement des niaiseries du siècle, possède à coup sûr deux perles que ceux de son âge ne possèdent généralement pas : la solidité de l'esprit, l'élévation du cœur. Il est donc vraiment pour eux le miroir que la Prudence reçoit des poëtes et présente à ses amis.

IV.

Il est un autre genre de mérite qui se révèle en Thérion à mesure et en proportion qu'il avance vers le terme de sa carrière : je veux parler de sa force d'âme. Ce qui fait l'homme, selon saint Augustin, c'est le vouloir : « L'homme, dit-il, n'est guère autre chose qu'une volonté : *Homines sunt voluntates.* » Mais voyez plutôt dans l'Eglise et dans le monde. Dans l'Eglise, il y a eu combat entre des bandes d'hérétiques et des assemblées d'évêques ; quel a été l'enjeu de cette lutte ? La volonté, que les uns voulaient détruire, au risque de faire de l'humanité une collection de machines, et que les autres protégeaient, pour sauvegarder la dignité humaine. Dans le monde, nous voyons en haut des hommes et des maîtres, en bas des enfants et des esclaves ; pourquoi ? Parce que les premiers savent vouloir et que les seconds ne savent pas.

Or, il suffit d'observer Constant Thérion un des derniers jours de sa vie pour se convaincre que la force de volonté fut son caractère distinctif. Franc-Comtois par la naissance, il avait porté à Paris ses qualités d'origine et de race, un fonds sérieux, de la loyauté, du désintéressement. Eh bien! vingt ans plus tard nous les lui retrouvons. Est-ce qu'il ne faut pas être d'une trempe vigoureuse pour demeurer si longtemps grave et sérieux au milieu d'Athéniens frivoles; franc et loyal dans une société que Vauvenargues comparait à un bal travesti; désintéressé et oublieux de soi dans un monde où les intérêts ont remplacé les principes, comme les colis ont remplacé les âmes? Comprend-on qu'une nature, expansive d'ailleurs, résiste ainsi aux influences qui la pénètrent de toutes parts, si à la sensibilité et à l'expansion elle ne joint une prodigieuse énergie? Certes, c'est un assez triste spectacle que de voir non-seulement plusieurs de nos provinciaux, mais plusieurs de nos provinces, abdiquer un type et des usages qui font leur gloire, pour singer la grande cité: si du moins il se rencontre çà et là quelques hommes capables de lutter contre cette tendance ou de se soustraire à cet entraînement, ne leur refusons pas notre admiration. Admirons-les surtout si ce sont des Franc-Comtois !

Un autre fait qui révèle dans le jeune Thérion une force de volonté incomparable, c'est sa fidélité au devoir et à la vertu. Qu'on se représente ici tous les genres de séduction auxquels est exposée la jeunesse dans une ville comme Paris : au café, il se dit des choses qui font tinter les oreilles à l'homme d'une perversité seulement ordinaire ; ce qui se voit dans les théâtres est de nature à jeter l'âme et toutes ses facultés dans la chair; chaque bec de gaz éclaire des romans dont une seule page suffit pour empoisonner un quartier; vous rencontrez dans les rues ou dans les couvents d'Anacréon autant de prostituées qu'il y a de religieuses en France. Vraiment oui, pour qu'un être de vingt ans tienne le haut du pavé et ne piétine jamais dans cette boue, il faut que sa constitution morale soit robuste. Saint Chrysostôme dirait : « Il est nécessaire que son âme ressemble aux corps de Sidrach, d'Azarias et d'Abdenago [1]. »

---

[1] *Traité du sacerd.*, liv. III, ch. xi.

Cependant, pourquoi ne pas l'avouer ? au milieu de ce monde parisien qui prend ses ébats, étale ses coupes dorées, adore le plaisir, Constant Thérion, à raison même de sa distinction et de sa valeur, avait encore plus à craindre qu'un autre. D'une part, les agréments de sa physionomie, le charme de ses manières, le coloris de son langage et de son style, tout un ensemble de dons extérieurs, que relevait d'ailleurs la beauté de son âme, excitaient autour de lui d'ardentes sympathies ; d'autre part, il pouvait, sans se faire illusion, voir tomber sur sa tête les couronnes de roses, savourer d'avance les compliments, rêver la première place au temple de Cypris. Telle m'apparaît la situation ; si je n'en fais ressortir qu'imparfaitement le côté critique et délicat, ce n'est pas ma faute.

Il s'agirait maintenant d'assister à la lutte et d'en signaler, pour l'édification du jeune âge, toutes les péripéties ; mais malheureusement nous ne pouvons hasarder sur ce point que quelques conjectures. Le jeune chrétien trouve, s'il le veut, en de si formidables périls, un triple préservatif : un au dedans de lui-même, c'est le fonds d'instruction religieuse et de crainte de Dieu qu'il a emporté du foyer domestique ; un dans le souvenir de ses parents : « Prends bien garde, se dit-il, qu'un cheveu de ton père ne blanchisse, ou qu'une larme de ta mère ne coule par ta faute ; » un troisième enfin dans le recours à Dieu : lorsque les âmes sont exposées à des souffles brûlants, la prière est une rosée rafraîchissante qui les empêche de se flétrir. Non-seulement nous pouvons, mais nous devons présumer que Constant Thérion opposa ces trois boucliers aux incessantes menaces dont il était l'objet ; mais combien de fois, dans quelles occasions, avec quelle persistance ? Dieu a voulu se réserver ce secret, parce que lui seul était assez riche pour accorder la récompense. Ce qu'il y a de certain, c'est que la mort est arrivée, pour ce jeune homme, avant la flétrissure. Quand elle se présenta, cette trop prompte messagère, il lui donna pour preuve de l'intégrité de sa vertu l'intégrité de sa foi : « Si la vérité subsiste, dit Pascal, c'est que la charité demeure. »

Thérion eut encore à déployer sa force pour la défense de ses convictions religieuses et politiques, et sur ce nouveau théâtre, j'ose le dire, il s'éleva jusqu'à l'héroïsme. Une intelligence aussi sûre d'elle-même que la sienne avait compris tout d'abord que le christianisme intégral est l'avenir du monde et que la royauté héréditaire est l'avenir de la France. En conséquence, il repoussa d'une main toute transaction du catholicisme avec nos doctrines soi-disant libérales, de l'autre toute théorie et toute pratique du suffrage universel.

Soutenir la lutte contre le libéralisme, qu'on le sache bien, c'est être aux prises avec le grand dragon des temps modernes : sa force, sans doute, n'est pas en lui-même, et Thérion le faisait reculer sur le terrain de la discussion avec une extrême facilité. La séparation de l'Eglise et de l'Etat, base de cette théorie, n'est-elle pas, au point de vue chrétien, la négation de l'autorité sociale et par là même de la divinité de Jésus-Christ, et, au point de vue humain, un funeste divorce entre la force et le droit ? L'égalité des cultes devant la loi, la liberté de la presse, la sécularisation de l'enseignement, conséquences naturelles du principe, ne sont-elles pas elles-mêmes dignes de notre exécration ou de nos larmes : l'égalité des cultes, parce qu'elle mine dans les âmes toute distinction du vrai et du faux, du bien et du mal, de la beauté et de la laideur morale ; la liberté d'écrire, parce qu'elle nous livre pieds et poings liés à tous les bipèdes libidineux et à tous les chevaliers de l'écritoire qui spéculent sur les passions ou l'ignorance ; la sécularisation des écoles, parce qu'elle arrache la jeune génération à ses maîtres attitrés et à ses véritables sauveurs ? Encore une fois, il suffit de soumettre le libéralisme à l'analyse et au raisonnement pour que justice soit faite.

Mais s'il n'est pas fort de lui-même, avouons qu'il l'est beaucoup par la disposition actuelle des esprits. « Je connais quelqu'un, disait Talleyrand, qui a plus de puissance que Napoléon et plus d'astuce que Voltaire ; ce quelqu'un, c'est l'opinion. » Or, l'opinion milite ostensiblement en faveur du libéralisme ; il faut que vous soyez libéral pour qu'elle reconnaisse en vous un patriote, un homme du siècle, un ami du progrès. Si vous êtes catholique tout court, votre patrie, c'est le jardin du Vatican, votre siècle, le douzième, et votre titre, celui de rétrograde ou de clérical. Un Russe, avec son obstination proverbiale, pourrait peut-être soutenir cet odieux ostracisme ; mais combien trouverions-nous de jeunes Français qui voulussent à ce prix, non-seulement rester, mais se montrer fidèles au noble drapeau de Pie IX et à l'autorité du *Syllabus* ?

Eh bien, hâtons-nous de le dire sur le témoignage de ses plus intimes amis, rien ne put amener Constant Thérion à fléchir en matière de doctrine et à pactiser avec l'hérésie contemporaine [1]. Après en avoir dévoilé la fausseté, il se dressa fièrement devant elle et lui déclara à temps et à contre-temps que ni les dédains ni les anathèmes ne triompheraient de son horreur pour la servitude des consciences. « Quels sont les hommes vraiment énergiques ? » se demande Charles de Sainte-Foi, et il répond : « Ce sont ceux qu'aucune puissance n'intimide dans la fuite du mal et la poursuite du

---

[1] Voir le journal *le Monde*, numéro du 19 mai 1876.

bien. » Visiblement, Thérion est de ce nombre.

Il ne déploya pas moins de vigueur sur le terrain de la politique que dans le domaine de la foi. Pour peu qu'on réfléchisse, on est frappé de tout ce qui a été fait depuis un quart de siècle, non-seulement pour empêcher le retour, mais pour écarter jusqu'au souvenir de la monarchie. C'est d'abord Napoléon, qui réunit la France dans un même sentiment de respect en mettant fin à une panique générale par un coup d'Etat et en donnant, pendant plusieurs années, les plus belles espérances ; après lui, ce sont les apôtres, ou plutôt les courtiers de la révolution, qui portent leurs mensonges, leurs promesses et leur argent sur tous les points du territoire pour y faire germer l'idée républicaine, et parviennent, en effet, à lui assurer un lendemain ; aussi bien sous l'empire que sous la république, c'est un tel débordement de haines et de calomnies contre la royauté héréditaire, qu'à l'heure présente un grand nombre de ses partisans se retranchent dans le silence.

Or, le jeune royaliste dont nous faisons mémoire a vu tout cela, et rien de tout cela n'a pu ni altérer son symbole politique ni ébranler sa fidélité. Lorsque la plupart étaient ravis des premiers actes de Bonaparte et qu'aucuns disaient de lui comme Lucas de Penna : « L'empereur est sur la terre ce que Dieu est dans le ciel, » lui, déjà familiarisé avec la lecture de de Maistre et de Bonald, demeurait convaincu que les Napoléon, bien loin d'être nés fondateurs, ne pourront jamais que régulariser la destruction (1).

A la vue de l'engouement pour la république qui se produisit et s'accentua de plus en plus durant ses dernières années, il s'attristait sans se laisser abattre. Peut-être l'aurions-nous surpris quelquefois nourrissant dans son esprit cette mélancolique pensée de Silvio Pellico : « Je sens dans l'air une pluie de méchantes républiques et de désastres croissants. Qu'y faire ? » Mais bientôt il se relevait en répétant son refrain : Dieu conserve le roi !

Je n'ai pas besoin de dire quels sentiments éveillaient dans l'âme de Thérion les incessantes attaques dirigées contre la royauté chré-

---

(1) DE BONALD, *Pensées diverses*, p. 93.

tienne et le principe de l'hérédité : il se sentait blessé à la prunelle de l'œil ; il s'armait contre ses adversaires d'arguments invincibles, et si on ne voulait ni ménager sa noble susceptibilité ni se rendre à ses preuves, il se rappelait que cette monarchie est un navire retenu par deux ancres qui ne démordent pas, l'une jetée dans le passé, l'autre dans l'avenir ; monté sur ce vaisseau, il disparaissait avec la fermeté de ses convictions et la solidité de ses principes du milieu flottant où il se trouvait engagé.

V.

Une question se présente au sujet de Constant Thérion : Quel usage a-t-il fait des dons de la nature et de Dieu ? « Si vous aviez trouvé dans la terre un calice d'or, écrivait saint Augustin à son ami Licentius, vous le donneriez à l'Eglise de Jésus-Christ. Vous avez reçu un génie d'or, n'en userez-vous pas pour sa gloire (1) ? » Il convient donc qu'après avoir parlé de la prodi-

---

(1). *Epist.* II, *ad Licent.*

gieuse activité d'esprit et de la force d'âme non moins extraordinaire de notre jeune Franc-Comtois, nous disions aussi quelque chose de ses œuvres. Soit parce que Thérion fut une force que le pays n'a pas su utiliser, comme on se plaisait à le répéter en le conduisant à sa dernière demeure, soit surtout parce que lui-même avait pris pour devise : *Pars ego sim plebis*, comme je l'ai dit moi-même, il est loin d'avoir donné la mesure pleine, entassée, débordant par-dessus, qu'il était capable de donner ; cependant, ce qu'il a fait de bien formerait, à n'en pas douter, une belle page de nos annales.

Comme il avait beaucoup acquis, tant par la réflexion que par son commerce habituel avec les intelligences d'élite, il répandait les idées à profusion partout où il passait ; or, quelqu'un en a fait la remarque, les idées ressemblent aux végétations d'Australie, qui sont des herbes le matin, des arbustes à midi, des arbres le soir et des forêts le lendemain (1). Et si cette com-

---

(1) *Lettres d'un intercepté*, par M. DE PONTMARTIN, p. 117.

paraison n'exagère pas la fécondité et la puissance des idées en général dans ceux qui les reçoivent, j'ose affirmer qu'il en faudrait une autre pour exprimer l'influence de celles-ci. La pensée de Thérion était en effet une pensée originale qui se gravait dans la mémoire, une pensée forte qui avait prise sur les plus rebelles, une pensée saine et vraie qui avait avec l'esprit des affinités secrètes. Comment ne pas lui attribuer une vertu exceptionnelle ?

Mais ce côté pratique et utile de la vie de Constant Thérion ne se composait en quelque sorte que de circonstances accidentelles. En dehors de ces occasions fortuites, il était tour à tour, à des jours déterminés et à des heures marquées, maître, orateur, écrivain.

Le titre qui semblait lui être le plus cher était celui de maître. Peut-on s'en étonner lorsqu'on sait que des hommes comme Lactance, saint Arsène, Fénelon, Florent Boyers, devenu plus tard Adrien VI, l'ont honoré par leurs vertus et leur savoir? Thérion, du reste, en remplissait les fonctions avec un succès bien propre à lui faire oublier la fatigue et à réjouir son zèle.

Qu'il faisait bon le voir à côté de ceux qu'il préparait aux différentes carrières ! Avec quelle méthode et quelle lucidité il présentait les choses ! Comme il savait trouver le point précis où l'intelligence de l'élève devait rencontrer la sienne ! Combien il se montrait disposé à attendre les lenteurs, à reprendre ce qu'on avait mal compris, à revenir sur les matières oubliées ! Mais surtout quelle adresse ne mettait-il pas à répandre sur un enseignement purement profane l'arome de pieuses et salutaires réflexions !

Pour juger du prix que les meilleures familles attachaient à ses leçons, il suffit de savoir comment elles les payaient ; de la part des enfants, c'était une vénération profonde ; du côté des parents, une confiance et une reconnaissance sans bornes. Les uns et les autres pratiquaient sans la connaître cette recommandation d'un ancien sage : « Regardez l'habile et vertueux précepteur comme un créancier à l'égard duquel on n'est jamais libéré (1). » Il n'y eut pas

---

(1) Aristote, IX, *Ethic*.

jusqu'aux maisons princières qui ne voulussent se donner le bénéfice de ce rare et précieux talent. En 1874, Thérion fut demandé par l'archiduc Charles-Louis, frère de l'empereur d'Autriche, pour faire l'éducation de ses deux fils. Son séjour à Vienne, il est vrai, ne se prolongea pas au delà d'une année ; malgré les avantages matériels dont il jouissait, la haute considération qu'on avait pour lui, les sourires toujours si séduisants de la fortune, il ne put résister au désir de revoir sa chère France. Mais cet essai suffit pour montrer que sa renommée n'était pas, comme celle de tant d'autres, une usurpation (1).

Du reste, c'était moins dans les cas ordinaires et dans les circonstances éclatantes que dans certaines situations désespérées, qu'on pouvait bien apprécier le savoir-faire et le dévouement de Constant Thérion. Je m'explique : un jeune homme arrivait-il au terme de ses études sans avoir rien semé ni rien recueilli, lui ne désespérait pas. Il le prenait à la porte de l'établisse-

---

(1) Ce fut pendant son année de préceptorat en Allemagne qu'il alla à Frohsdorff. Le comte de Chambord a témoigné à M. Thérion la haute estime que son fils lui avait inspirée.

ment où il avait désolé la patience de tous, l'arrachait aux larmes de son père et de sa mère, puis le faisait et le déclarait *sien*. A dater de ce jour, tout ce qui pouvait être agréable au maître était écarté ; tout ce qui devait tourner au profit du disciple était mis en œuvre. Celui-ci était un privilégié sur lequel venaient se concentrer toutes les tendresses et tous les soins ; celui-là, une victime immolée chaque soir et renaissant chaque matin pour un nouveau sacrifice. Cela durait plus ou moins longtemps ; mais, en général, vers le milieu de l'année, le prodigue rentrait chez lui après avoir obtenu son diplôme et reconquis son avenir. « C'était, disent les témoins, un sujet de premier ordre (1). »

Le bien que Thérion commençait par son enseignement, il le continuait par son éloquence, car il avait pour lui les qualités d'un véritable orateur et devant lui un théâtre où il pouvait se faire entendre. Autrefois, à Athènes, on soumettait à un examen celui qui prétendait aux

---

(1) *Gazette de France*, numéro du 23 mai 1876.

honneurs de la tribune et on exigeait de lui la prudence, la probité et la bienveillance (1). Aujourd'hui on est plus précis et surtout plus sévère : pour mériter le nom d'orateur, on doit réunir aux dons extérieurs, sur lesquels personne ne se méprend, trois genres de mérite : des convictions ardentes, la vigueur du raisonnement, *une forêt de choses acquises* (2). Or, des différents témoignages que nous avons recueillis, il résulte que Constant Thérion satisfaisait richement à ces conditions : non-seulement sa voix était harmonieuse, son geste naturel et habilement contenu, sa pose assurée et même quelque peu fière ; mais rien ne saurait donner à ceux qui ne l'ont pas entendu une idée juste de l'ardeur avec laquelle il aspirait les rayons de la vérité pour les déverser sur son entourage, ni de la puissance de sa dialectique et des immenses ressources qu'il trouvait dans ses réminiscences scientifiques et littéraires : « C'était avant tout un orateur, nous dit un de » ses plus sérieux adversaires ; il avait une foi

---

(1) Φρόνησις, ἀρετή, εὐνομία.
(2) *Sylva rerum et sententiarum. De oratore,* 29.)

» de catholique très ferme, et ramenait presque
» tous les problèmes au problème religieux ; il
» le faisait du reste avec une logique irrésis-
» tible et un véritable charme de parole.... Il
» savait mêler les souvenirs aux syllogismes et
» transformer en arguments des anecdotes ; il
» connaissait beaucoup de choses, et si l'on
» n'était pas toujours convaincu par ses dis-
» cours, on n'en sortait jamais sans avoir
» éprouvé un plaisir et sans avoir accru son tré-
» sor de science (1). »

L'auditoire destiné à recueillir les fruits de cette belle et puissante parole se composait tantôt de jeunes avocats, tantôt des étudiants du quartier latin. Un grand nombre d'entre eux portaient à la conférence de fausses idées des choses, des opinions plus ou moins subversives de l'ordre, en religion et en histoire de funestes préjugés. Que dirai-je ? Il m'est avis que les ténèbres qui peuvent s'accumuler dans une tête de vingt ans suffiraient à éclipser le soleil. Thérion trouvait donc là des amis et des enne-

---

(1) Le *Corsaire*. numéro du 20 juin 1876.

mis. Ses ennemis étaient les sottes erreurs et les audacieux mensonges; il les foudroyait. Ses amis étaient, sans aucune exception, ceux qu'on avait trompés ou qui s'étaient trompés; il les ramenait suavement et fortement au vrai. Euripide a appelé l'éloquence une souveraine (1); ici, cette souveraine ne descendait de son trône que pour travailler au bien de ses sujets, et, chaque fois qu'elle y remontait, elle pouvait se rendre le témoignage d'avoir bien employé sa journée.

Il nous reste à parler de ce que fit Constant Thérion comme écrivain. On serait autorisé à croire que les coups portés à la société et à l'Eglise par la presse périodique attirèrent tout d'abord son attention : comment n'aurait-il pas été ému en voyant fonctionner cette redoutable massue sous laquelle tout fléchit? Quoi qu'il en soit, ce fut à combattre les publications irréligieuses et perturbatrices qu'il consacra ses premiers loisirs; les articles qu'il publia à cet effet dans la *Correspondance littéraire*, la *Pen-*

---

(1) Πείθω δὲ τὴν τύραννον ἀνθρώποις μόνην. *(Hécub*, 775.)

sée moderne, le *Pas-de-Calais*, furent universellement goûtés et mériteraient d'être recueillis. A côté de ces pages jetées au public comme préservatif ou comme remède, viennent naturellement se placer certains traités de science et d'économie sociale que Thérion nous a laissés, et dans lesquels on ne sait ce qu'il faut le plus admirer, ou de sa science universelle ou de son ardent désir de servir le pays. Mais l'œuvre de sa plume qui devait avoir le plus de portée, et par laquelle il s'élevait d'emblée au rang des premiers publicistes de l'époque, était un immense travail intitulé : *Les Principes*, que la mort ne lui a pas permis de publier. Nous regrettons, comme bien d'autres, que la carrière littéraire d'un homme aussi éminent se soit close si prématurément, mais nous regrettons presque autant qu'elle ne se soit pas ouverte plus tôt. Puisque Constant Thérion voulait vivre à tout prix éloigné des honneurs et des charges, il aurait pu du moins écrire d'assez bonne heure pour ne pas nous priver des meilleurs fruits de son génie.

VI.

Qu'il repose en paix et en gloire, ce grand ami de Dieu! Au moment où il rendait le dernier soupir, nous avons recueilli sur toutes les lèvres un éloge, et de tous les cœurs un regret. « Nous venons de perdre un de nos amis les plus chers ! » s'écriaient les uns ; « Son nom doit être tiré de l'oubli, » disaient les autres. On se plaisait à reconnaître que « sa vie, toute de dévouement et de travail, a été féconde. » Ceux qu'il avait combattus réclamaient pour sa tombe une fleur de plus, ou se plaignaient que la société eût laissé mourir dans l'oubli un de ses plus illustres membres. Ses compatriotes proclamaient de leur côté les vertus de l'honnête homme, le zèle de l'apôtre et la foi du chrétien (1). Quant à moi, à qui ont été dévolus et l'honneur de le soigner durant son enfance et

---

(1) *Messager de Toulouse*, 20 mai 1876. — *Gazette de France*, 23 mai. — *Le Monde*, 19 mai. — *L'Opinion*, 19 août. — *Le Corsaire*, 20 mai. — *Courrier de la Haute-Saône*, 9 septembre 1876.

la tâche de le glorifier à sa mort, réunissant dans mon esprit les deux extrémités de cette pure et noble existence, je répéterai à l'envi une page de saint Ambroise sur la mort de Satyre : « Il est juste qu'on me pardonne quelques larmes, puisque mon Seigneur et Maître en a lui-même versé. Il a pleuré sur un étranger ; celui que je pleure n'était point un étranger pour moi. Dans Lazare seul, lui en pleura bien d'autres ; je suis, moi, avec bien d'autres pour en pleurer un seul. Cependant, si la privation de sa présence et de ses entretiens m'est un sujet de tristesse, le souvenir du bien qu'il a fait en passant m'est un sujet de joie ; et même je me demande si je ne dois pas plus me réjouir d'avoir eu un tel ami que je ne dois m'attrister de ne l'avoir plus. En le quittant aujourd'hui, je n'ai fait que payer tribut à notre humaine condition ; en le possédant hier, j'ai joui d'un des plus beaux présents de la munificence divine !

» Partagé ainsi entre le sentiment de peine dont ma nature ne saurait se défendre et le sentiment de reconnaissance que la grâce m'inspire, je viens dire à mon bien-aimé défunt un suprême adieu, ou plutôt le prier de me faire place à sa droite. Puisqu'il n'a pas de chemin pour revenir à moi, Dieu m'en ouvrira un pour aller jusqu'à lui (1). »

Au moment de mettre sous presse, on annonce qu'un double hommage vient d'être rendu à la mémoire de Constant Thérion : les membres de l'Association philotechnique, dans une circonstance solennelle, lui ont décerné des éloges que les Franc-Comtois seront heureux de recueillir, et ses amis de la province, aussi bien que de la capitale, élèvent sur sa tombe un magnifique monument. Honneur à tous ceux qui savent ainsi reconnaître le prix de la science et le mérite de la vertu.

(1. *Ambros. oratio in obitu Satyri.* Ce passage est, sinon une traduction littérale et suivie, du moins une reproduction fidèle des pensées et des sentiments du saint docteur.

BESANÇON, IMPR. DE J. JACQUIN.

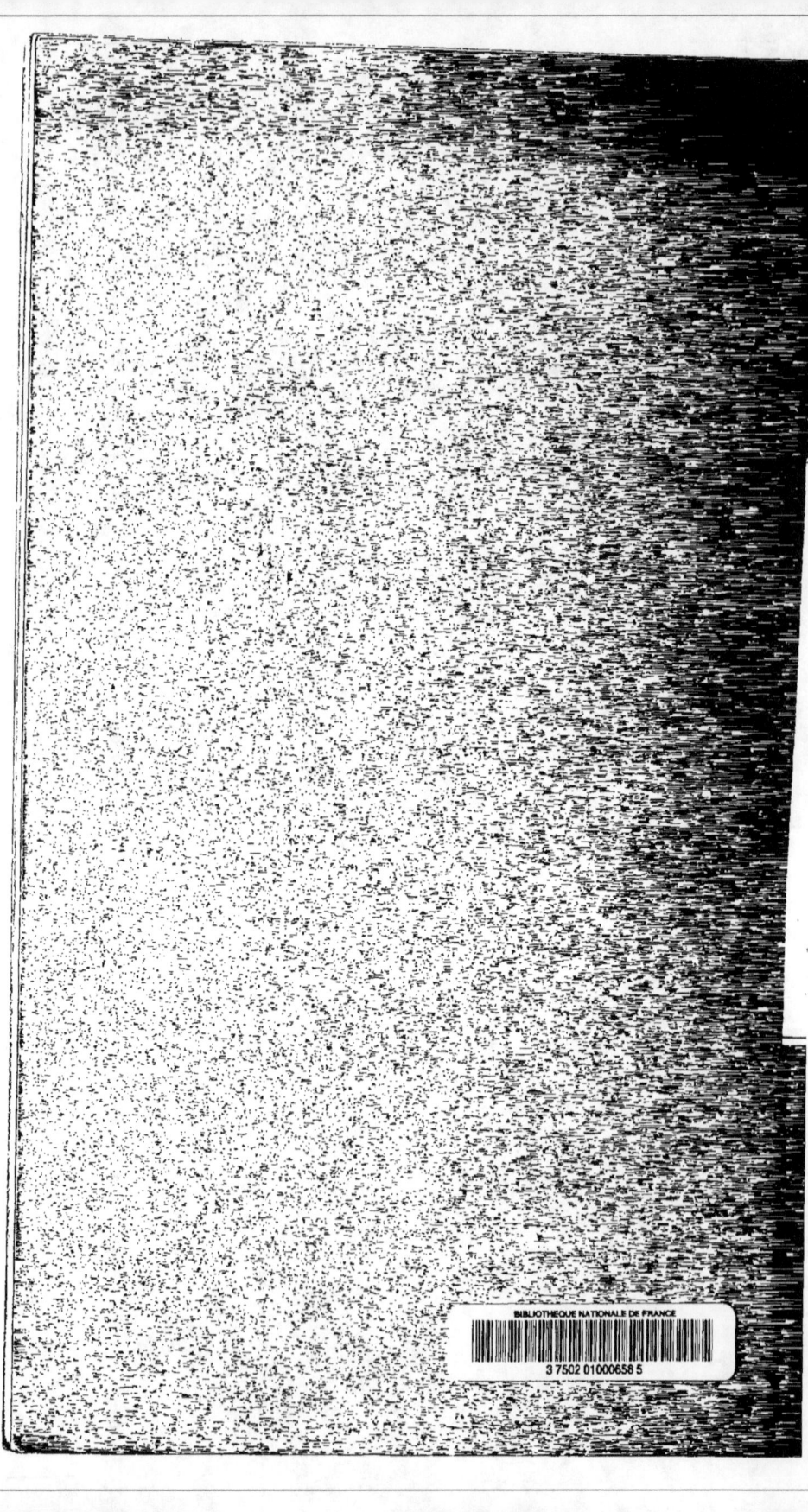

www.ingramcontent.com/pod-product-compliance
Lightning Source LLC
La Vergne TN
LVHW021701080426
835510LV00011B/1524